Liebe Lore!

Nun hat der leidige Regen uns gottlob wieder verlassen u. [illegible] ich Dir endlich deinen lieben [illegible] worden. Wir sind so froh, [illegible] schöne Reise verschieben mußten, sonst wär wir [illegible] gerade während die Lawinenkatastrophe auf dem Berghaus [illegible] -en. Es ist ganz schrecklich, wie viel Menschen da ums Leben gekommen sind, zum Teil waren es Arbeiter [illegible] war auch viel Leichtsinn dabei u. die [illegible] nicht abzuhalten zu gelten. Wir hatten es schon immer mit unseren Reiseplänen im März sind die Tage länger u. ist es nicht mehr so kalt [illegible]

KOCHBUCH FÜR MEINE SCHWIEGERTÖCHTER

Einfach, schnell und köstlich

INGEBORG VOELTER
JONICA JAHR

Vorwort

›Man nehme‹ - so beginnen die Rezepte in den zerfledderten, verspeckten Kochbüchern meiner Urgroßmutter und dann geht es los mit 16 Eiern, einem Pfund Butter, literweise Sahne und ähnlichen Zutaten. Das alles für nichts weiter als einen Pudding, so dass einem schon beim Lesen schlecht werden konnte. Ihre aufwendigen Speisen haben nicht nur viel Zubereitungszeit, sondern auch so manches Hauspersonal verschlissen. Vorbei, vorbei - beides gibt es nicht mehr oder nur noch selten.

Drum nehme man heute die Trickkiste einer alt gedienten Mutter oder Schwiegermutter zu Hilfe, in der die lebenslange Erfahrung einer Köchin steckt, die schon nicht mehr ausschließlich in der Küche glänzen wollte, sondern zahlreichen eigenen Interessen nachzugehen beliebte.

Warum verfasse ich dieses Kochbuch?

Aus zweierlei Gründen, wovon ihr Euch den einen wahrscheinlich schon denken könnt. Natürlich würde ich es meinen Söhnen gönnen, dass sie auch in Zukunft nicht auf ihre vertrauten, zum Teil heiß geliebten Gerichte verzichten müssen. Das ist der eine, nicht ganz unegoistische, mütterliche Grund.

Der andere gilt aber um so mehr Euch, meinen Schwiegertöchtern: Ich sehe, wie Ihr täglich den gewaltigen Spagat ausführt, einen beachtlichen Job auszufüllen und trotzdem eine bemerkenswerte Mutter, Hausfrau und Gastgeberin zu sein. Ich sehe, wie Ihr abends, oft in letzter Minute, in die Läden rennt, um das Nötigste einzukaufen.

Und anstatt zu Hause die Füße hochzulegen und zu sagen: »Für heute reicht´s«, strengt Ihr Euch noch ein weiteres Mal an, um etwas Köstliches, Gesundes auf den Tisch zu bringen, damit der Tag für die Familie harmonisch endet. Das zeichnet Euch in hohem Maße aus!
Dieses Buch soll euch zu eindrucksvollen Kochergebnissen bei möglichst geringem Zeitaufwand verhelfen.
Denn eines ist sicher: Es gibt nichts Gemütlicheres, als sich zu einem duftenden, köstlichen Mahl zu Tisch zu setzen und sich dabei zu unterhalten, in Ruhe auszutauschen, sei es zu zweit oder zu mehreren. Es ist die Ur-Form der Kommunikation und hat alle Moden und Zeitenwandel überstanden. Nur, dass eben heute Zeit für Gemütlichkeit und Ruhe Mangelware geworden ist.
Euch möchte ich mit meiner ganz persönlichen Trickkiste helfen. Sie entstand aus Zeitnot und so manchem Missgeschick, aus dem man ja bekanntlich lernt.
Die Rezepte stammen teils von meiner Mutter, teils von meiner Schwiegermutter - ich schrieb sie zu Beginn meiner Ehe alle von ihnen ab. Und teils sind es die gängigen, die ich als ›einfach, schnell und köstlich‹ zusammengesammelt habe.
Hier also Euer s c h n e l l e s Kochbuch, das Euch Zeit und manchmal auch das mühsame Nachdenken über das Wie und Was ersparen soll. Viel Spaß damit!

Eure Schwiegermama

Inhaltsverzeichnis

Appetizers - Dips

Vorspeisen oder kleine Gerichte

Suppen

Salate

Pasta und Pizza

Fleisch

Geflügel

Beilagen

Desserts

Kuchen

Weihnachtsgebäck